AF197914

Alois Segerer

Bye Bye Blackbird

Gedichte und Haikus

Mit Radierungen von Hanne Geng

 tredition®

Stern*
Zeichen*
Gedichte

WIDDER

21. märz - 20. april

planet
MARS

element
FEUER

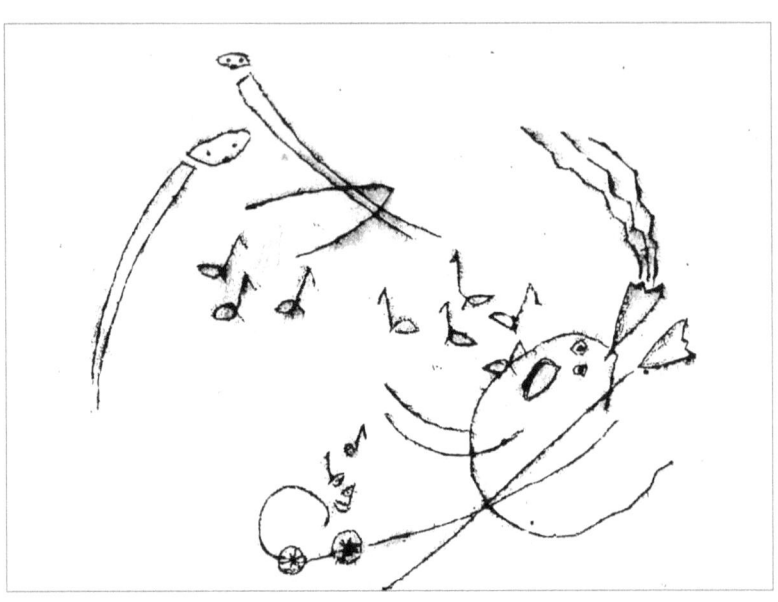

Widder-Frau

BELLA BALLERINA

Frau Hollerschneck, der Schnee ist weg,
Es trillern schon die Lerchen.
Im Auto hebt sich das Verdeck,
Darunter kichern Pärchen.

Dem blauen Himmel sei gedankt
Für seinen lichten Schnalzer.
Und eins, zwei, drei die Erde schwankt,
Wir tanzen Wiener Walzer.

Auf Zehenspitzen kreist dein Bauch,
Ma Bella Ballerina.
Im Frühlingssturm verschwinden auch
Die Wolken über China.

Komm, Mädchen, zeig mir dein Tatoo
An deines Rückens Ende.
Die Zuckerseite ist tabu,
Da zittern mir die Hände.

Sie schwirrt nach Art der Kolibris
Von Orchidee zu Rose.
Ach, gäb es doch im Paradies
Nur Nudeln ohne Soße.

Im Zwitscherchor der Bariton
Tönt hohl aus tiefen Gumpen.
Die Königin von Babylon
Raucht edles Gras in Stumpen.

Es glänzt und funkelt ihr Palast.
Ja, sie will alles haben.
Doch wenn du einmal alles hast,
Dann fressen dich die Raben

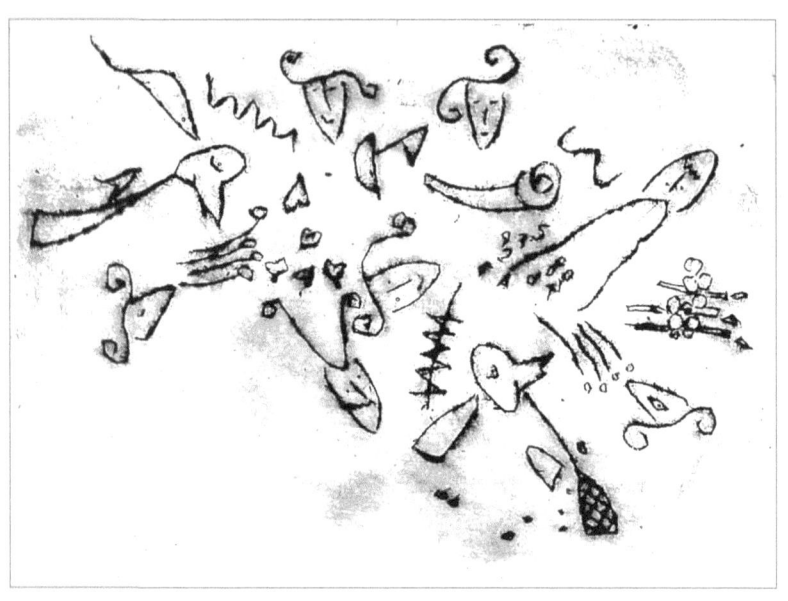

Widder-Mann

KNADDELDADDEL, GÖTTERGATTE

Im Winter träumt der Zottelwidder
Auf seinem weichen Lotterbette
Von prallen Terracottaputten
Und jeder Menge Lottoschotter.
Dieweil vor seiner Bretterhütte
Die kreidebleichen Schattenritter
Den Schnee aus ihren Kutten schütteln
Und hinter schweren Kettenschlitten
Mit Elchen um die Wette trotten.

        Im Frühling hüpft der Knuddelwidder
        Behände übers Lattengitter,
        Tanzt graziös im Schottenkittel
        mit kessen Sandalettenschritten
        Hinaus in bunte Tuttifrutti.
        Er jagt die jungen Flattermotten,
        Verschmäht auch nicht die Schnatternutten
        Mit ihren ammenfetten Titten,
        Die aller guten Sitten spotten.

Im Sommer grast der Dotterwidder
Auf blumengelben Klettermatten,
Saugt Nektar aus Limonenschnitten,
Mal honigsüß, mal grottenbitter.
Er stopft sich voll mit Futtermitteln
Und üppigen Spagettiplatten;
Zum Nachtisch gibt es Dattelsplitter.
So sitzt er an den Puddingpötten
Als quittensatter Butterbuddha.

        Im Herbst graut sich der Schlotterwidder
        Vor regennassem Schmuddelwetter,
        Stapft sorgenvoll durch Schmaddermodder
        In tristen Aschenputtelstädten.
        Wenn steif im Sturm die Blätter knattern
        Und ängstlich die Toilettenratten
        Als erste von den Kuttern paddeln,
        Dann flieht er zu den Hottentotten,
        Und aus ist's mit dem Kuddelmuddel.

STIER

21. april - 20. mai

planet
VENUS

element
ERDE

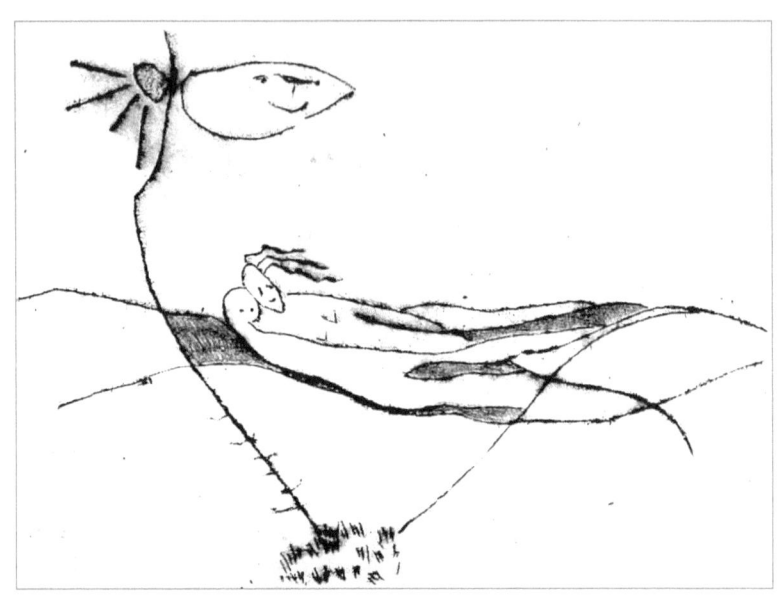

Stier-Frau

DIE KRAFT DIE IN DER MITTE LIEGT

wenn zwei
sich vereinen zum beispiel
im mai

jauchzt hoch
über ihnen der himmel
schön blau

und tief
unter ihnen die erde
bebt mit

das weib aber
das himmlische wesen
ist die kraft
die in der mitte liegt

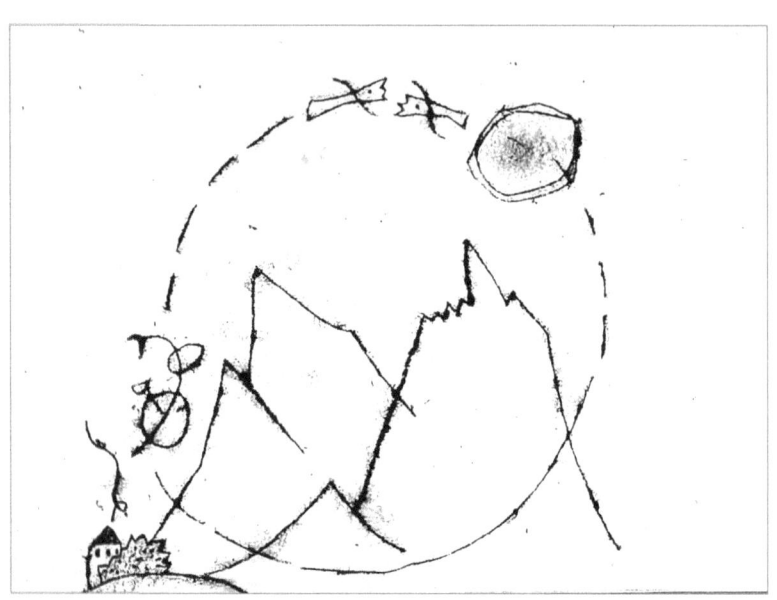

Stier-Mann

DER WILDE KAISER

Früh schon am heiteren Morgen besteigt er gelassen sein Fahrrad,
Pumpe, Getränke und Flickzeug verstaut er im ledernen Rucksack,
Leichthin im lieblichen Tale des Inns führt der Weg ins Gebirge,
Linker und rechter Hand säumt ihn die Perlenschnur blühender Bäume,
Während von Süden her stetig die Sonne am Himmel sich mästet.
Mühelos gleitet er vorwärts, begleitet vom Sirren der Reifen.
Schöner als alle erhofften Vergnügen ist meistens der Anlauf.

Langsam beginnen die flachen Gefilde den Kuppen zu weichen,
Näher und näher rückt drohend die Kette der felsigen Zacken.
Abseits der wendigen Straßen erklimmt er die holprigen Pfade,
Tief auf den Lenker gebeugt ist der Nacken, der massige Schädel.
Einmal noch blickt er zurück auf die andere Seite des Berges;
Drunten im Abgrund verzweifeln die bröckelnden Mauern von Kufstein.
Winzig und festlich den Riesen zu trotzen, das ist doch die Höhe.

Schnaubend und keuchend bekämpft er die grausamen mächtigen Rampen,
Hebt aus dem Sattel den Körper und stampft die Pedale noch härter.
Wieder und wieder die gleichen Etappen, die steilen Spiralen.
Schwerelos, scheint es, umkreisen die Dohlen den fremden Besucher.
Endlich erreicht er den Gipfel, erschöpft von den Qualen des Aufstiegs.
Stürzt aber talwärts sogleich in verwegenen Kurven. Am Abend
Winkt ihm im Auracher Löchl der Lohn, ein erfrischendes Weißbier.

ZWILLINGE

21. mai - 21. juni

planet
MERKUR

element
LUFT

Zwillinge-Frau

TINGELTANGEL BY KUCKUCK'S

Beim Kirschenpflücken
Welch ein Entzücken
All die Perücken
Die falschen Locken
Die bunten Ringelsocken
   Klingeling! Let's swing!
    Hör wie der Gang ging
    Brummend den Gang lang
    Bis sie am Strang hing
    Und in den Ring sprang
Da bimmeln die Glocken
    Singsang aus Hongkong
    Kingkong spielt Pingpong
    Mollige Dingsdongs
    Drollige Wingdings
   Jingjang. Jung.
Beim Böckchenspringen
Ach Wunder gelingen
Mit allen Dingen
Die falschen Schlangen
Die rosigen Wangen
   Fife o'clock rock!
    Einer mit Krückstock
    Nahm sie vom Fleck weg
    Tanzte im Zickzack
    Fröhlicher Schnickschnack
Schon ist sie gefangen
    Ruckzuck im Rucksack
    Taktik beim Tricktrack
    Noch ein paar Flickflacks
    Noch ein paar Sixpacks
   Gluckgluck. Glück

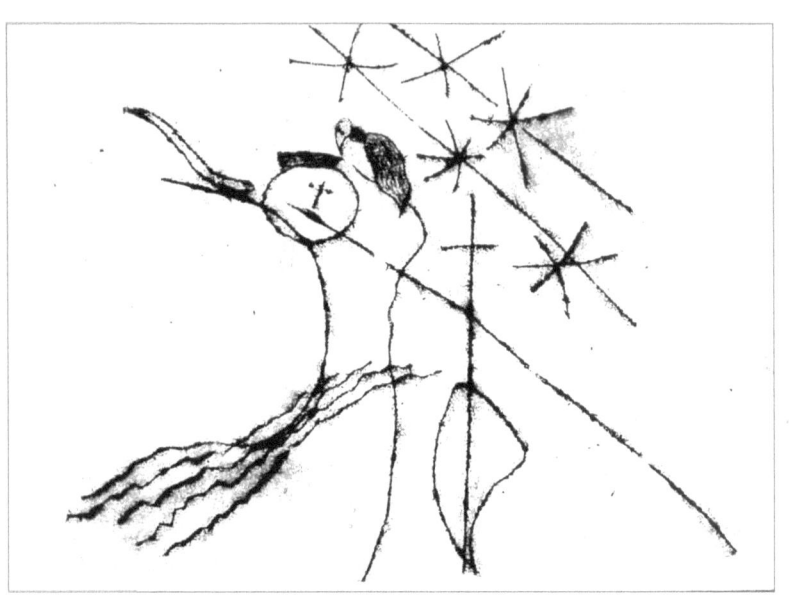

Zwillinge-Mann

PHÖNIX UND ASCHE

In mondlosen Nächten, wenn alle schon schlafen
Treibt er mit Engeln und Teufeln sein Spiel
Er steuert ein windiges Boot aus dem Hafen
Kein Leuchtturm zu sehen. Der Weg ist das Ziel.

Für immer gekettet an euch Vagabunden
der Liebe, des Hasses, der rohen Gewalt
Ein einsamer Wolf unter streunenden Hunden
Ein Letztes, ein Schatten auf nassem Asphalt.

Im Grauen des Tages, wenn alle erwachen
Schließt er die Augen voll glimmender Glut
Damit sich die Feuer aufs neue entfachen
Im ewigen Kreislauf von Ebbe und Flut.

Und noch in den Wehen des sanften Ermüdens
Nah an der Schwelle zum lautlosen Nichts
Entführt ihn ein Traum zu den Sternen des Südens
Wo jeder mal anfing, am Ende des Lichts.

KREBS

22. juni - 22. juli

planet
MOND

element
WASSER

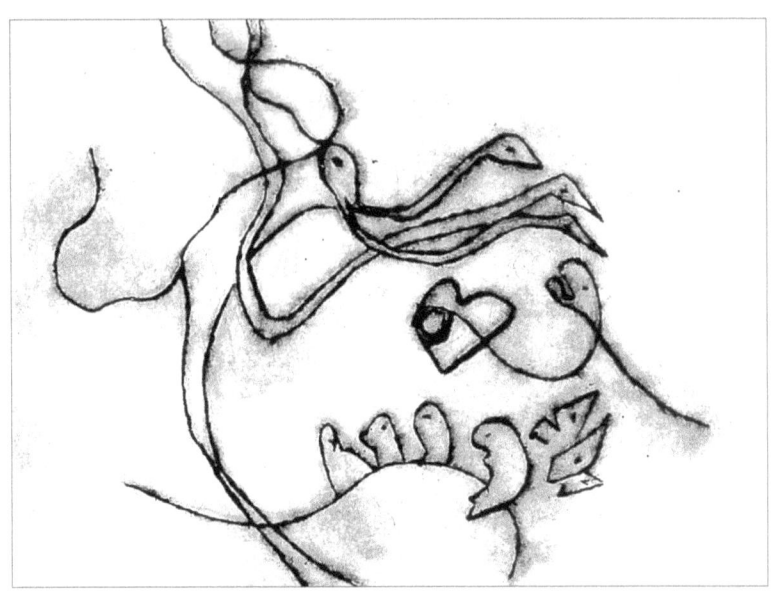

Krebs-Frau

WIE WIND SO BRAUT

In deinen Haaren das Trompetenspiel
Verlockend schrill
Und in der linken Hand das flinke Messer
Karotten schneidend
Die andre klammert sich
Tomatenrot
An pelzgeschmückte Schwanenhälse
So sah man dich zuletzt
In deiner Muschelhöhle auf dem Berge
Ararat

Als du mit Noahs schönen Töchtern
Einen Storch gespeist
Ja damals
Und die Lakaien ihr Vermächtnis
In die Tische kratzten - fader Rauch
Quoll aus den ginsternen Pokalen
Kaum zu hören das Ticken
Der ägyptischen Uhr

Und warum ist dein Mund so rund
Wie ein Circus?
Aus welchem Grund? Die Männer stehen starr
Aus Stein
Die du geküsst mit veilchenroten Lilalippen
Was ist mit dir? Du hast. Du bist.
So atemstill. Aus welchem Grund?

Das Haar zerwühlt. Der Mund so, oh, manegenrund
Du hast
Im Schlaf vom Wind genascht
In deinem Sessel sitzen vier Gespenster
Du bist
Wo du schon oft gewesen bist. Rauchst eine Zigarette
Im Rückwärtsgehn

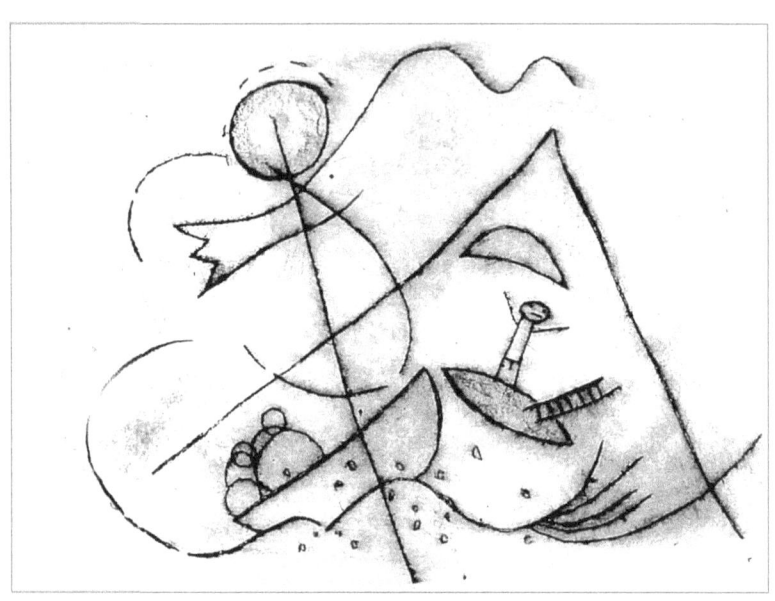

Krebs-Mann

ROBINSONATE

Es brüllt der Sturm, es sinkt das Schiff,
Es sinkt das Schiff mit Mann und Maus.
Mit Mann und Maus, nur einer schwimmt.
Nur einer schwimmt zur nahen Insel.

Die nahe Insel nimmt ihn auf.
Sie nimmt ihn auf, er ist allein.
Er ist allein und sammelt Holz.
Er sammelt Holz und macht ein Feuer.

Er macht ein Feuer, fängt den Fisch.
Er fängt den Fisch und baut ein Haus.
Er baut ein Haus und streut die Saat.
Er streut die Saat und erntet Weizen.

Er erntet Weizen, backt das Brot.
Er backt das Brot, besteigt den Berg.
Steigt auf den Berg und schaut aufs Meer.
Er schaut aufs Meer. Kein Schiff zu sehen.

Es kam kein Schiff. Er sah aufs Meer.
Er sah aufs Meer, stieg auf den Berg.
Stieg auf den Berg und aß das Brot.
Er aß das Brot und schnitt den Weizen.

Er schnitt den Weizen, säte Korn.
Er säte Korn und zog ins Haus.
Er zog ins Haus und fing den Fisch.
Er fing den Fisch und machte Feuer.

Er machte Feuer, holte Holz.
Er holte Holz und war allein.
Er war allein, sie nahm in auf.
Sie nahm ihn auf, die öde Insel.

Die öde Insel schwamm er an.
Er schwamm zu ihr mit Maus und Mann.
Mit Mann und Maus, so sank das Schiff.
Es sank das Schiff, der Sturm zog weiter.

LÖWE

23. juli - 23. august

planet
SONNE

element
FEUER

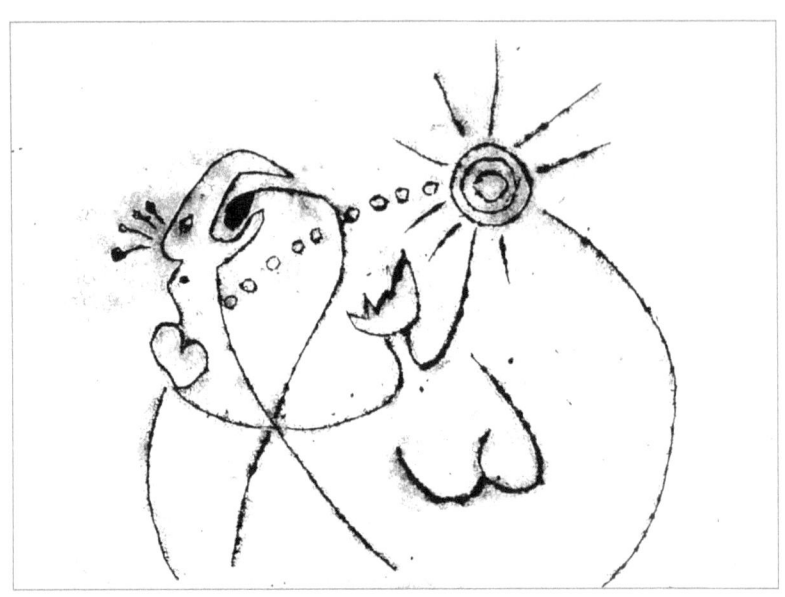

Löwe-Frau

DIE SCHÖNSTEN DINGE

Sie hängt ihr Glück an eine Perlenkette,
Gebannt vom matten Wahn der Glitzerschnur.
Im Spiegel ihrer Augen sieht sie nur
Den Purpurglanz der eignen Silhouette.

Der ganze Tag ist Pomp und Operette,
Die Bühne dreht sich um die Hauptfigur.
Sie geht im Prunkgewand auf den Parcours
Und nachts sogar im Abendkleid zu Bette.

Erst als der Vorhang fiel, war ihr bewusst,
Was letztlich zählt, sind nicht die imposanten
Gebärden, nicht die blitzenden Brillanten.

Viel eher weckt im Menschen pralle Lust
ein kleines Stückchen unverhüllter Brust.
Die schönsten Dinge sind die unbekannten.

Löwe-Mann

SIEH IHN DIR AN

an einen Baum gelehnt, die Mähne
wild gezackt im Trommelwirbelsturm. Bäume stehn da eher

selten. Ein Auge döst, ein Auge schweift durchs
dürre Steppengelb. Hey, sind die Bars schon offen? Trinken, ja, jetzt wird

getrunken. Singen, ja, jetzt wird gesungen.
Und um die Häuser ziehn mit gut gelaunten

Pistoleros. Irgendwann bevor die Jagd beginnt, verstummen
die Geräusche. Und irgendwann wird's laut. Es heulen die

Hyänen. Du kannst sie hören. Spürst auch seinen heißen
Atem schon erschreckend
nah, da, im Gebiss das Fleisch tarantelschöner Frauen. Es ist

genug. Komm heim und bring die Beute mit,
das Lamm, die Vogelbeeren. Komm endlich heim
auf leisen Sohlen. Setz dich. Lass es gut sein.

JUNGFRAU

24. august - 23. september

planet
MERKUR

element
ERDE

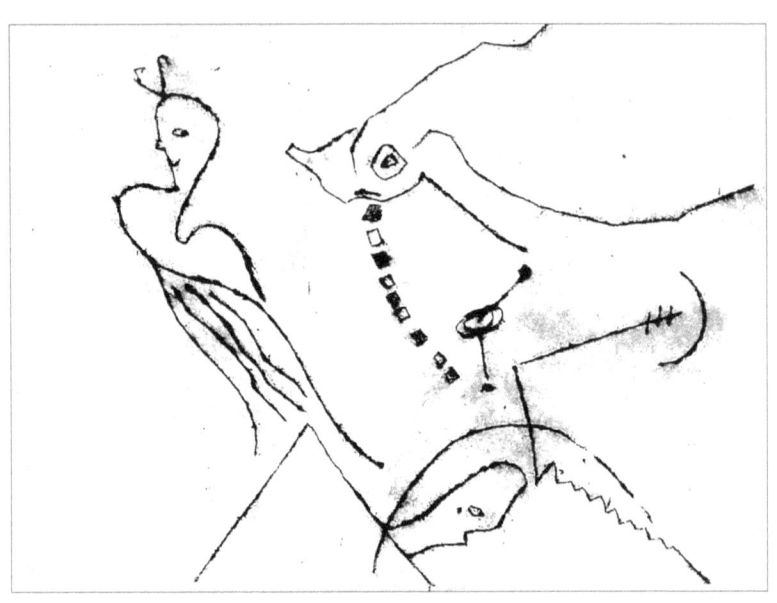

Jungfrau-Frau

DARLING ICH MUSS GEHN

spät aufgewacht als der radiowecker
oder wars das klavier vom nachbarn, ich weiß
es nicht mehr ist auch egal und dann noch das
telefon falsch verbunden kennt man ja kommt
immer alles jedenfalls keine zeit mehr
fürn weiches ei frühstück im stehn so schön
kann ein tag beginnen

                  wenn ich nur wüsste was
da so brummt und zirpt in meinem schädel ach
ja gestern wars länger und viel vertragen
hab ich noch nie bin vollmondtrinkerin wie
die halbe stadt aber das ist jetzt auch nicht
mehr wichtig

                  muss mich beeilen schnell noch den
überlebenskram in den koffer packen
nur das nötigste herrgott das sieht aus hier
wie ich das alles hasse den gehackten
sofakissenmüll den vertrauten kalten
rauch vielleicht kann der arschgeigenpianist
von nebenan mal eine kleine pause
pardon ich raste aus ganz ruhig reiß dich
zusammen

                  oder wie er immer sagte
zeig deine innere größe frau jawoll
sehr witzig penible maus hat er mich auch
oft genannt selber penner jetzt hast du den
käse die falle ist leer

                  ich schreib dir noch
einen brief zum abschied musst nicht denken das
macht mir spaß aber ich muss gehn darling die
penible maus haut ab wenn du gestattest
nehm ich den wagen und du

du kriegst den rest

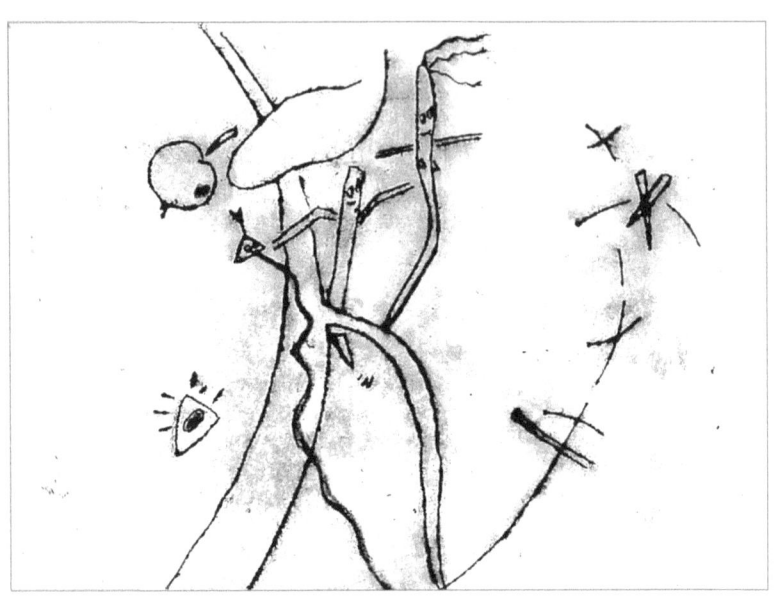

Jungfrau-Mann

NOBODY

Das war perfekt. Das war der absolute Hammer,
Wie er aus Nacht und Nichts die Welt erschuf,
Den ganzen Glanz, den ganzen Jammer.
Er war der Schöpfer; das war sein Beruf.
   Und er sah, dass alles gut war
   Und er langweilte sich.
Jedoch am siebten Tage war er müde.
Und es entstand ein Werk von nur geringer Güte.
   Nobody is perfect.

Es war nur ein Versuch, den Mann aus Lehm zu leimen,
Der wahre Jakob, unter uns gesagt, war's nicht.
Viel besser ist's, ein schönes Paar per Vers zu reimen,
Daraus entsteht in manchen Fällen ein Gedicht.
   Und sie erfreuten sich am Paradies
   Und langweilten sich.
Doch als sie's unterm Apfelbaume trieben,
Bekamen sie ein Feigenblatt und sind nicht lang geblieben.
   Nobody's pen is perfect.

Dann kam die Flut. Das war die Strafe.
Sie standen vor dem Archevar in Reih und Glied:
Hier die Makellosen, dort die schwarzen Schafe,
Und es gibt immer einen, der die Nieten zieht.
   Es brauchte Zeit, bis sie erkannten,
   Dass Langeweile tödlich ist.
O Mann, es sind so traurige Geschichten,
Dass sich die hellsten Köpfe gerne selbst vernichten.
   Nobody dies perfect.

WAAGE

24. september - 20. oktober

planet
VENUS

element
LUFT

Waage-Frau

DAS SCHWERE ZULETZT

eine reise ins bekannte machen
durch wüsten steppen
in savannen baden
in pumps den frankenstein besteigen
zimmerleute nach dem holzweg fragen
bei klarem verstand ins irre gehen

sich in einer zwangsjacke räkeln
sich zur kehrseite des fegefeuers bekehren
auf verlust und verliebe pochen
den traummann aus baldrian saugen
oder einen herzensbrecher aus dem knast rapunzeln

mit vögeln nach würmern fischen
den fledermäusen einen holunder stricken
einen schmetterling im kampf gegen eine uralte linde siegen sehen
katzen tadeln: so nicht, meine damen und herrn!

den clowns eine kurze nase drehn
den stab brechen über die zauberer
sich auf dem trapez vor den jongleuren in sicherheit bringen

das meer gründlich trockenlegen
erschöpft den garten wässern

sich gewogen sein, manchmal

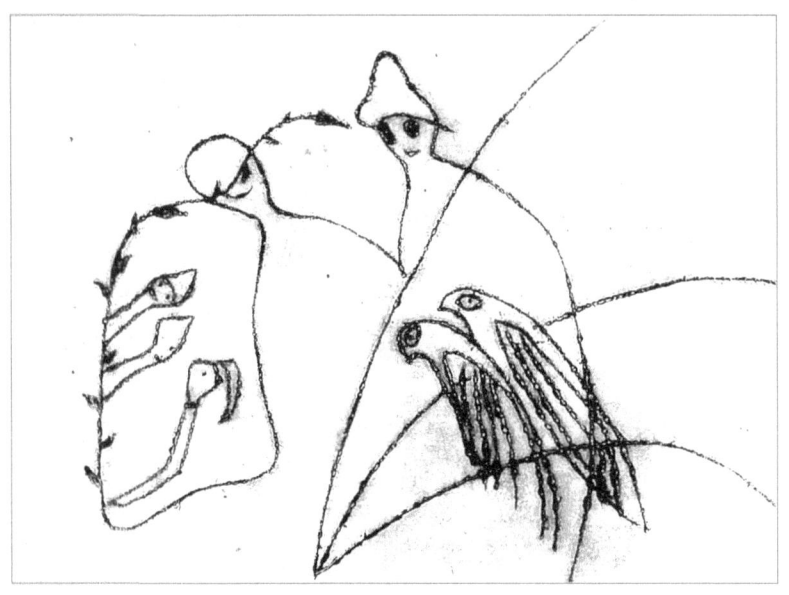

Waage-Mann

DON QUIJOTE TRÄUMT

Wer wird die Schönste heut gewinnen?
Ich binde die dornigen Rosen zum Strauß
Und winke meinen Königinnen.

Sie treten aus ihren Palästen heraus,
Betört vom Duft, von sanften Chören,
Geblendet vom bunten Gefieder des Pfaus.

Verzeiht, ich will nicht weiter stören:
Ein Kuss auf die Wangen, dann bin ich davon.
Sie werden alle mir gehören.

Ich will keine Schätze, verschmähe den Thron;
Nur eure Herzen, eure Türen,
Wenn sie sich öffnen, versprechen mir Lohn.

Wer wird die Schönste heut verführen
In klammen Mansarden, die Liebste so bleich,
Ihr schwacher Odem kaum zu spüren.

Die Liebe währt ewig. Gefroren der Teich
Zu Sternenlicht und Eiskristallen.
Dem Himmel so nahe, so gerne zugleich.

Das Schattenmonster zeigt die Krallen.
Erlaubt mir, den Wagen zu schmücken, denn bald
Beginnt die Fahrt. Die Peitschen knallen.

Die Liebe währt ewig? Das wäre geprahlt.
Ach, manchmal hab ich Angst vor Spinnen.
Hört ihr mein fröhliches Pfeifen im Wald?

SKORPION

24. oktober - 22. november

planet
PLUTO

element
WASSER

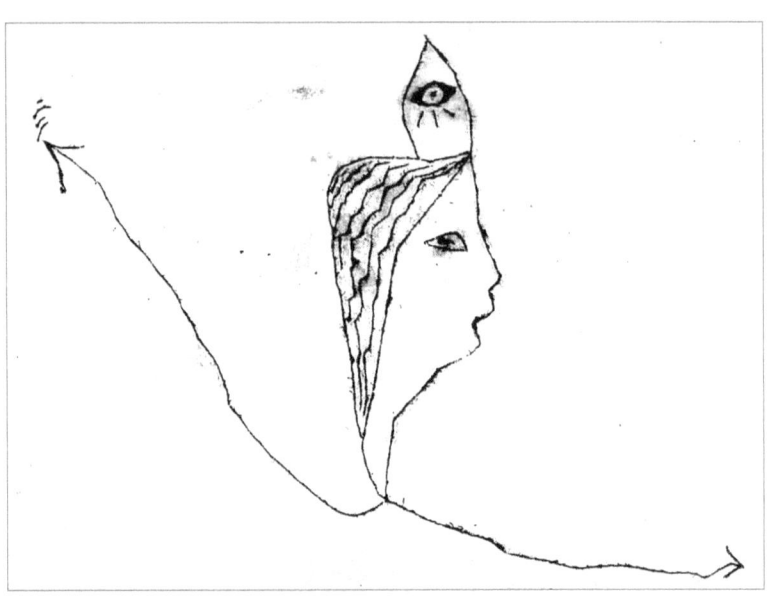

Skorpion-Frau

DORNENROSENLIED

du bist so
unbestechlich ehrlich
unverzüglich pünktlich
ungewöhnlich wohnlich
unvergesslich lieblich
unersättlich sinnlich
unbeschreiblich weiblich
unwahrscheinlich möglich
unentbehrlich herrlich
unzertrennlich herzlich

bist so
unverzeihlich schmerzlich
unansehnlich üblich
unerklärlich spärlich
unbedenklich schädlich
ungemütlich grämlich
unerbittlich ängstlich
unerträglich peinlich
unverständlich kläglich

so
unvergleichlich ähnlich
unerfreulich fröhlich
unerquicklich glücklich
unaufdringlich hässlich
unbekömmlich köstlich
unausstehlich zärtlich
unerfindlich wirklich

du bist
unaufhörlich endlich unauflöslich
deutlich unausweichlich sterblich
unverwüstlich wirklich unbegreiflich
göttlich unvermeidlich tödlich

so bist du

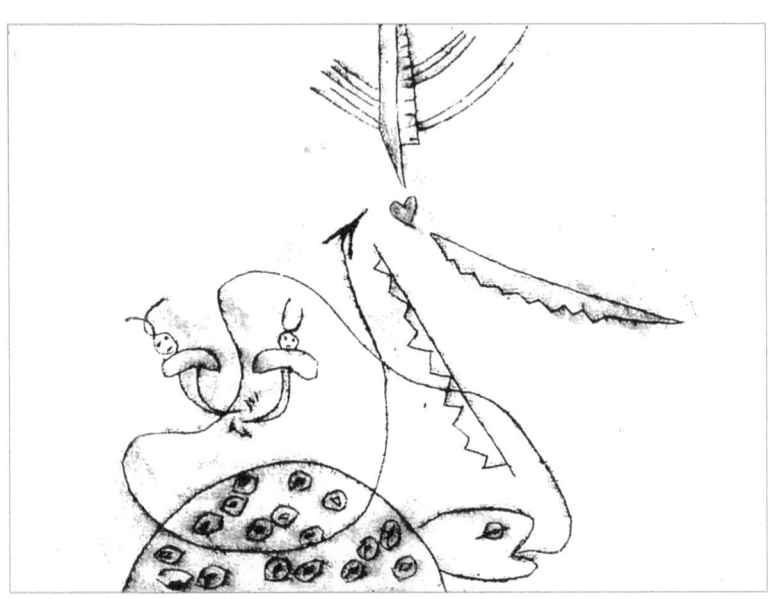

Skorpion-Mann

BESTIARIUM

die eulen fliegen schon - verirrte schwadronen
von schlangen jagen durchs gras südwärts bis syrakus
auf abfallhalden blühn blutige anemonen
und übers pflaster rumpelt mein pferdefuß

    ich lasse mein verdammtes herz vom galgen baumeln
    es schaukelt drohend hin und her im wind
    und über leeren gräbern siehst du schmetterlinge taumeln
    die aus dem moderduft hervorgekrochen sind

nie wieder, nie wieder solche schrillen farben
das gaukelspiel der narren hinterlässt nur qual
es reift der schmerz an seinen narben
und ich genieße lustvoll meinen marterpfahl

    ich möchte deine zarten glieder nicht verletzen
    solange wir noch kinder sind - andernfalls
    reißt dich mein raubtierbiss in fetzen
    und schlägt dir seine zähne in den weißen hals

erzittert einmal noch an meinen liebeseskapaden
und folgt mir gierig durch den dunklen korridor
es riecht nach menschenfleisch und schwefelschwaden
und schönheit kommt oft in der hölle vor

    und wäre es anders - gäb es den himmel auf erden
    wär selbst die ekstase nur lästige pflicht
    ich lebe ganz gut mit meinen beschwerden
    ich fürchte götter, tod und teufel nicht

SCHÜTZE

23. november - 21. september

planet
JUPITER

element
FEUER

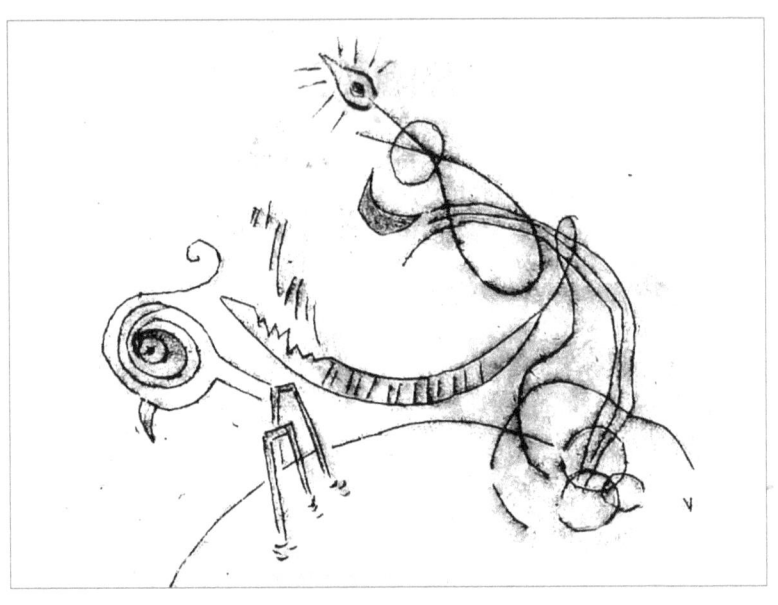

Schütze-Frau

BYE BYE BLACKBIRD

Schau die Uhren   Es ist spät
Alle Spuren   Schon verweht
Willst du tanzen?   Dann komm her!
Die Romanzen   Zentnerschwer
Hol's der Geier!   Es ist Nacht
Sieben Schleier   Fielen sacht
Als du eben   Fast so schienst
Wie zu schweben   Denn du dienst
Keinem Zwecke   Schönes Kind
Um die Ecke   Durch den Wind.

Hör die Lieder   So weit fort
Auch der Flieder   Schon verdorrt
Wenn das Feuer   Lügen malt
Ans Gemäuer   Wirst du bald
Lorbeer pflücken   Und Kakteen
Wo die Brücken   Hochkant stehen
Hoch am Himmel   Glaub es mir
Das Gebimmel   Kommt von hier
Herzgetändel   Nebelblind
Like a candle   In the wind.

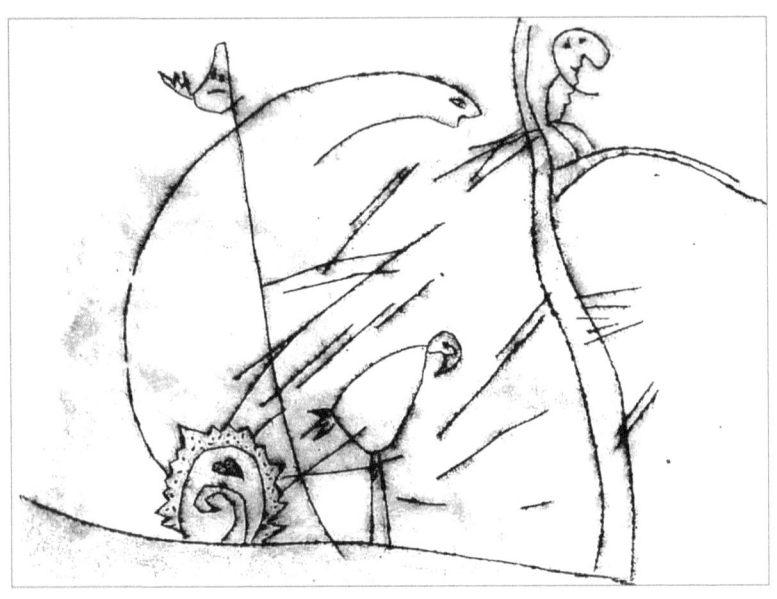

Schütze-Mann

MANCHMAL TRIFFT ER DICH

Er kann warten. Im hohen
Gras, kaum zu entdecken
Hinter den Hecken
Spielt er Verstecken mit dir.
Sei auf der Hut! Seine
Zitternde Hand
Täuschte schon manchen.

Er liegt auf der Lauer, bewegt sich
Kaum. Die lodernden Feuer,
Die mörderischen Abenteuer,
Sie locken ihn nicht. Doch
Wenn es Zeit ist, ist er
Bereit. Er kann warten.

Er hat keinen Plan. Vom Himmel
Erwartet er nichts Gutes, von
Der Hölle nichts Schlechtes.

Im Heckengarten, im hohen
Gras steht sein Zelt.
Mein hinkender Held,
Auf einem Auge blind, fast
taub. Wahllos
Verschießt er die Pfeile, ohne
Eile. Viele Ziele verfehlt er.

Manchmal trifft er Dich erst
Wenn Du ihn getroffen hast.

STEINBOCK

22. dezember - 20. januar

planet
SATURN

element
ERDE

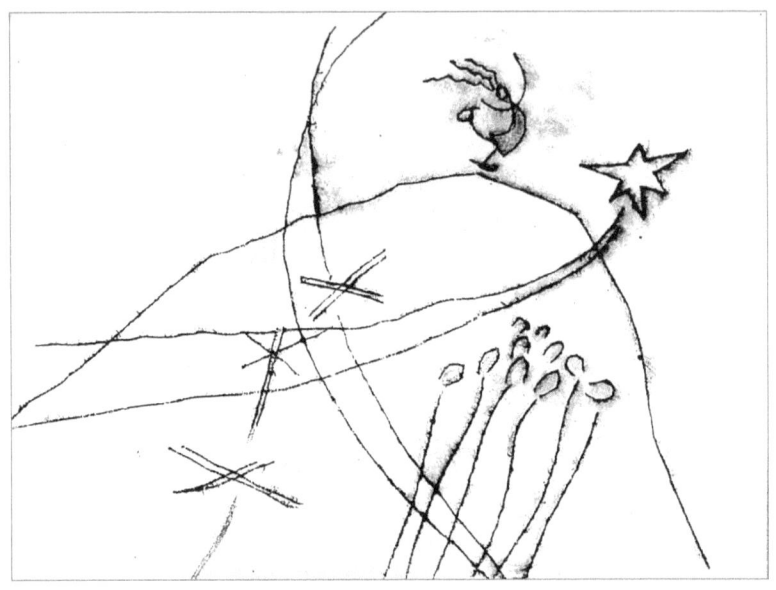

Steinbock-Frau

DIE EISPRINZESSIN

Wilde Winde wehn um Wälder
Wirbeln weiße Winterwunder.

Roh im Raureif ragen Reiser
Rundum rauschen Ried und Rohr.

Glitzer glänzt an glatten Gleisen
Glocken klingen, Gläser klirren

Paare proben prüde Posen
Pirouetten, Pipapo.

Du da, die da! Dunkle Diva
Dolce donna, Daunendame.

Kurvt auf Kamikazekufen
Kluge Küsse, kühl und kalt.

Frostig flattern Flockenfedern
Flackern fahl in Feuerflammen.

Schnee schmilzt schnell zu Schlamm und Schlieren
Schaler Schimmer, schöner Schein.

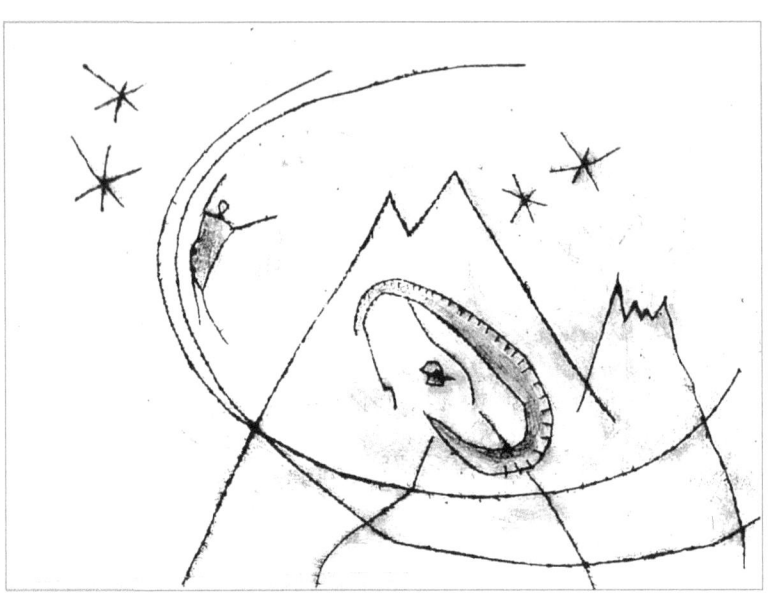

Steinbock-Mann

ANSCHWELLENDER STEINBOCKSGESANG

Niemand fängt mich, niemand zähmt mich,
Nichts behindert meine Flucht,
Federnd über schroffe Hänge,
Haken schlagend durch die Schlucht.
        Direkt in die Steiermark.
              Das ist stark!

Manchmal steh ich wie gemeißelt
Auf den Felsen, selbst ein Fels.
Und die Beifallssalven prasseln
Vom Balkon des Berghotels.
        In der Ruhe liegt die Kraft.
              Fabelhaft!

In den hohen toten Zonen
Triffst du weder Mensch noch Tier.
Jeder Schrei hallt mehrfach wider.
Einsamkeit ist mein Revier.
        Andre Böcke stören bloß.
              Grandios!

Abseits funkeln kalte Sterne,
Eis und Schnee bedeckt mein Grab.
Und im Gletscherstrom geborgen
Rutsche ich die Zeit hinab.
        Runter ins Mäandertal.
              Genial!

WASSERMANN

21. januar - 19. februar

planet
URANUS

element
LUFT

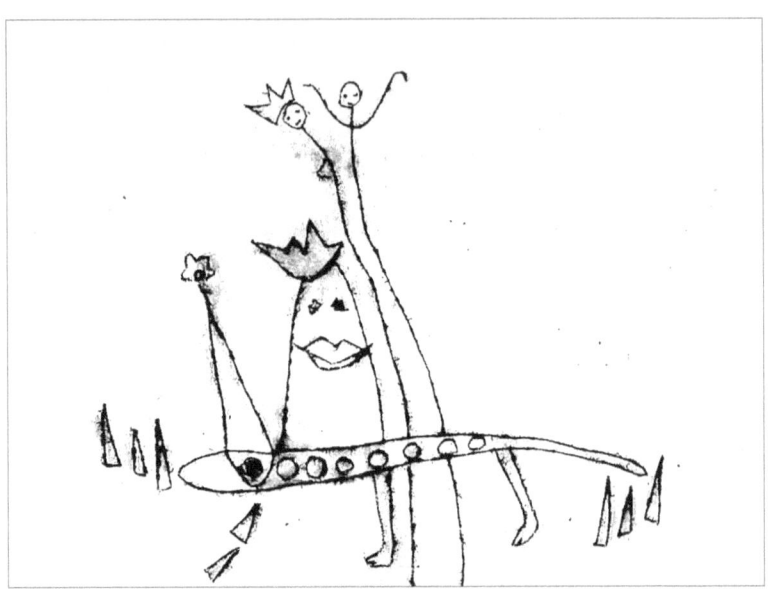

Wassermann-Frau

MÄRCHENPRINZ

Nach täglicher Fron
Verbringt sie die Nacht
Vertraulich bewacht
Unter acht Wicht
Sie jammert und weint
Trara, ich bin's

Im Herrensalon
In gläsernen Särgen
Von albernen Zwergen
Tut sie es nicht
Bis er erscheint
Dein Märchenprinz

Zu Hause der Mief
Die Schwestern so dreist
Und stecken doch meist
Heimlich vom Stall
Bescheidener Lohn
Schau her, ich bin's

Die Mutter nur stief
Sie tanzen juhuen
In blutigen Schuhen
Schleicht sie zum Ball
Erwartet sie schon
Dein Märchenprinz

Das Mädchen so brav
Die Jahre vergehn
Grauenhaft schön
Rosen erbaun
Ach wenn ich nur wüsst
Wach auf, ich bin's

Sinkt endlos in Schlaf
Nur noch Gespenster
Hocken am Fenster
Dornen zum Zaun
Wann er mich küsst
Dein Märchenprinz

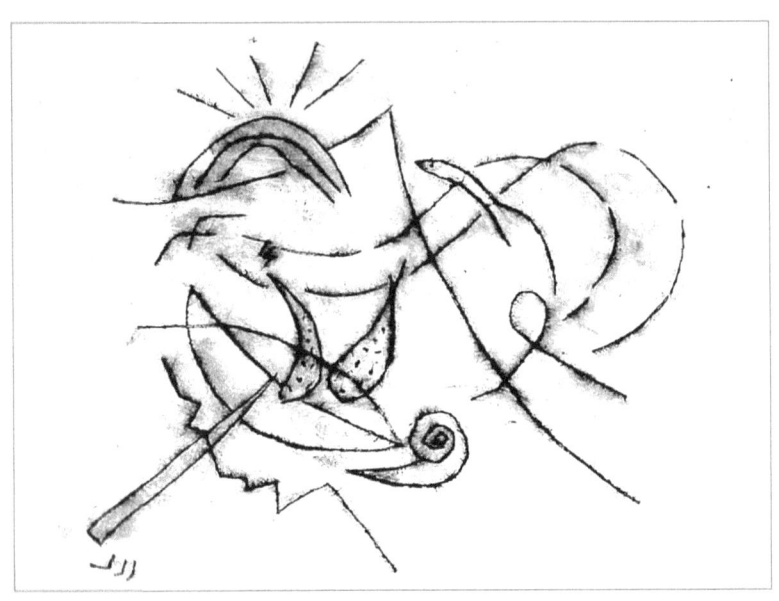

Wassermann-Mann

IKARUS AIRLINE

Erschöpft und schwach sind die Menschen, die lange den Winter ertrugen.
Blässe bedeckt ihr Gesicht, kümmerlich knistert die Haut.
Wohin sind die Geister entschwunden, die früher vom Eise befreiten
Den starrigen See, das Gemüt? Wann kehren die Schwalben zurück?

Da holt aus dem Schuppen sein Werkzeug der Eismann und wärmt sich am Ofen,
Schmiedet geschickt ein Gefährt, härter, doch leichter als Luft.
Und schwebt auf metallenen Schwingen furchtlos der Sonne entgegen.
Höher steigt er empor, trügerisch strahlt das Gestirn.

So nahe am Ziel seiner Wünsche, fast greifbar den Abgrund vor Augen
Macht er sich flugs aus dem Staub, stürzt er kopfüber ins Meer.

Und hätte er keine Flügel, er wäre noch tiefer gefallen.
Narben entstellen dich nicht, Hinkenden gibt man ein Brot.
So leicht erträgt er die Schwerkraft, leichter noch Häme und Spötter.
Als komischer Vogel verlacht, heißt er halb Adler, halb Schwan.

Verdammt sind die irdischen Engel, die willig dem Himmel entsagten.
Hier ist ihr schrecklicher Ort, den sie im Traum sich erhofft.
Manchmal in seligen Zeiten singen sie fröhliche Lieder,
Schlagen im Rausch nach dem Mond, schließen ernüchtert den Mund.

Die stolzen Gebilde der Menschen sind alle im Eismeer gesunken.
Zurückblieb nur brotlose Kunst, Trümmer und Krähengeschrei.

FISCHE

20. februar - 20. märz

planet
NEPTUN

element
WASSER

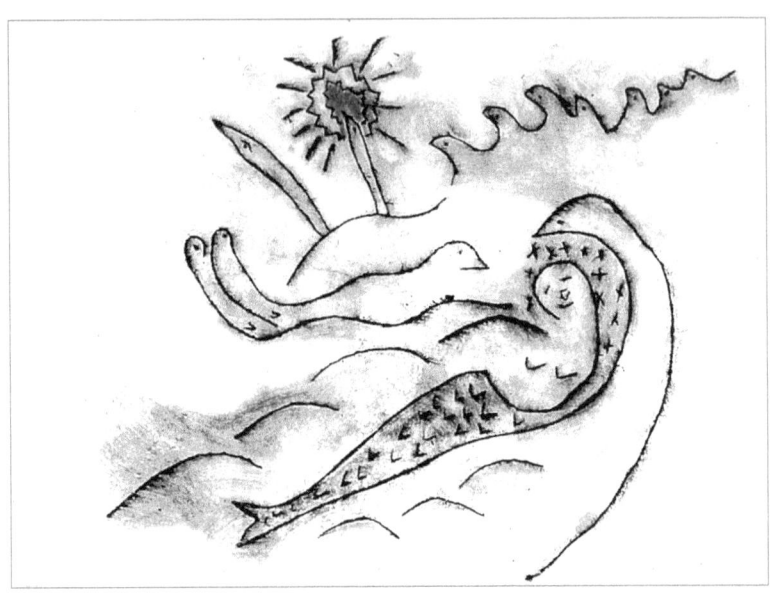

Fische-Frau

DARUM SIND DIE FISCHE STUMM

In der Tiefe dunkler Meere
Kann man nachts sie tanzen sehn
Losgelöst von all der Schwere
Und ihr Glanz erhellt die Leere
Wenn sie ihre Flossen drehn
Darum sind die Fische schön.

Unterm Schatten grüner Bäume
Schwimmen sie im Bach herum
Müde ob der weiten Räume
Sinken sie in schwere Träume
Voll gepumpt mit Valium
Darum sind die Fische stumm.

Manchmal stehn sie miteinander
Regungslos in schneller Flut
Doch ob Wanda oder Zander
Mit ein bisschen Koriander
Und gewürzt auf heißer Glut
Schmecken alle Fische gut.

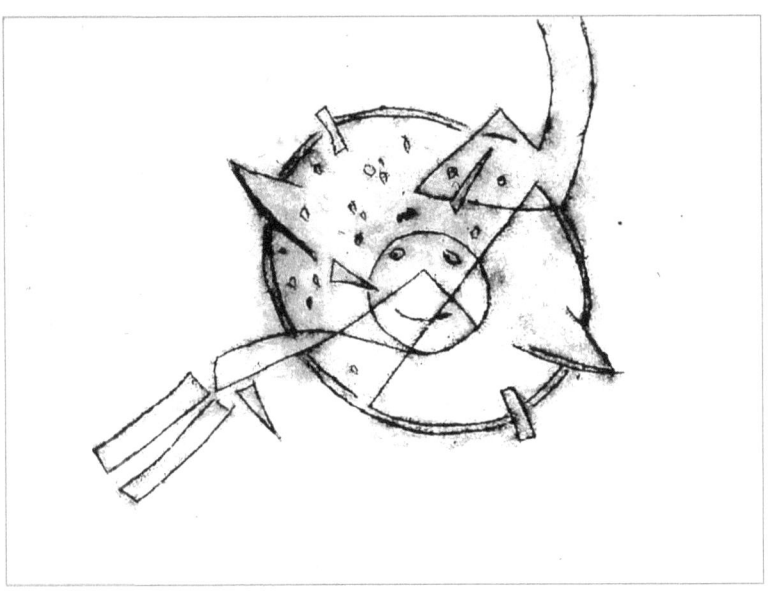

Fische-Mann

VARIATIONEN

Grau das Sakko
Die Hose schwarz
Hellblau das Hemd
Die Krawatte dunkel

So kennen wir ihn

Schwarz die Hose
Hellblau das Hemd
Die Krawatte dunkel
Das Sakko grau

So lieben wir ihn

Das Hemd hellblau
Schwarz die Krawatte
Grau die Hose
Dunkel das Sakko

So kennen wir ihn
So lieben wir ihn

Jahres * Zeiten * Haikus

WINTER

21. dezember - 21. märz

mond in weisser nacht
grenzenlos die phantasie:
zwei mal zwei ist vier

gefroren der see
wie mag's den fischen gehen?
ach, du dickes eis

spät. es dämmert schon
und alte männer humpeln
durch den tiefen schnee

FRÜHLING

21. märz - 21. juni

beim ersten donner
flüchtet die vogelscheuche
gebückt übers kraut

der kirschbaum hat die
lichter an. der himmel ist
hübsch wie ein engel

ans ende der welt
steigt trällernd die lerche als
wär sie vogelfrei

SOMMER

21. juni - 23. september

die mücken tanzen.
die mauerblümchen haben
tränen im gesicht

die erde schwitzt staub.
die sonne treibt ein segel
über die berge

der häher warnend
am himmel und im gebüsch
der kuckuck schön blau

HERBST

23. september - 21. dezember

als kind lief ich oft
barfuß übers stoppelfeld
kühl war der abend

früh im park. sieh nur:
drei enten schwimmen auf dem
rücken übern teich

pappdrachen stürzen
vom himmel, singend schaufeln
die kinder ein grab

INHALT

Stern * Zeichen * Gedichte

Jahres * Zeiten * Haikus

IMPRESSUM

CIP-Titelaufnahme der Deutschen Bibliothek
Alois Segerer
Bye Bye Blackbird. Gedichte und Haikus

Herausgeber: Rudolph Bauer
Radierungen: Hanne Geng
Umschlaggestaltung und Satz: Claudia Turek, Rudolph Bauer
Verlag und Druck:
tredition GmbH, Halenreie 40-44, 22359 Hamburg

ISBN 978-3-7482-5167-5 (Paperback)
ISBN 978-3-7482-5168-2 (Hardcover)
ISBN 978-3-7482-5169-9 (e-Book)

Das Werk, einschließlich seine Teile, ist urheberrechtlich geschützt. Jede Verwertung ist ohne Zustimmung des Verlages und des Herausgebers unzulässig. Dies gilt insbesondere für die elektronische oder sonstige Vervielfältigung, Übersetzung, Verbreitung und öffentliche Zugänglichmachung.

Bibliografische Information der Deutschen Nationalbibliothek:
Die Deutsche Nationalbibliothek verzeichnet diese Publikation in der Deutschen Nationalbibliografie; detaillierte bibliografische Daten sind im Internet unter: http://dnb.d-nb.de abrufbar.

© 2019 Rudolph Bauer

Zeitfracht Medien GmbH
Ferdinand-Jühlke-Straße 7
99095 Erfurt, Deutschland
produktsicherheit@kolibri360.de